I0233348

WINSTON MORALES CHAVARRO

*

LÁMPARA CIFRADA

*

LUMINĂ CRIPTATĂ

Descrierea CIP a Bibliotecii Naţionale a României
MORALES CHAVARRO, WINSTON
Lumină criptată / Winston Morales Chavarro ; tălmăciri de Lana-Valeria Dumitru. - Curtea de Argeş : Editura Academiei Internaţionale Orient - Occident, 2018
ISBN 978-606-8449-58-6

I. Dumitru, Lana Valeria (trad.)

821.134.2

COLECŢIA <<ORIENT-OCCIDENT>>

Preşedinte: **Dumitru M. Ion**
Director artistic: **Carolina Ilica**

Grafica: **Lana**

Tehnoredactare:
Florin Ungureanu

ISBN 978-606-8449-58-6

Editor:
Academia Internaţională Orient-Occident
faiorientoccident@yahoo.com

Bucureşti, România, 2018

WINSTON MORALES CHAVARRO

LÁMPARA CIFRADA

EDITURA ACADEMIEI INTERNAȚIONALE
ORIENT-OCCIDENT

WINSTON MORALES CHAVARRO

LUMINĂ CRIPTATĂ

Tălmăciri de
Lana-Valeria Dumitru

EDITURA ACADEMIEI INTERNAŢIONALE
ORIENT-OCCIDENT

«Una lámpara que se enciende al encontrarnos.»

(Eugenio Montejo)

«Lámpara es tu palabra para mis pasos,
Luz en mi sendero»

(Sl 118, 105)

«O lampă care se aprinde când ne întâlnește».

(Eugenio Montejo)

«Lampa este cuvântul tău pentru pașii mei,
Lumină pe calea mea»

(Sl 118, 105)

I.

Sin oscuridad
Con un poco de Lux,
Las manos crispadas,
El cuerpo quemado por las tinieblas.
Sin oscuridad
Lleno de agua,
Mojado hasta la médula
Sumergido en la música
¡Camino!
¡Camino!
Llego hasta ti;
Hasta ti que eres sombra
Sombra y Lux de los elementos del tiempo;
De los objetos inquebrantables del tiempo.
Voy hacia ti
Con los brazos abiertos,
Excitado por el perfume del cosmos.
Desnudo
Camino sin prisa
Con los oídos cerrados,
Los ojos sumergidos en las presencias.
Llego a ti
A ti que eres lo mismo;
Flor de Turitzio
Amapola de la noche.

I.

Fără întuneric
Cu un pic de Lux,
Mâinile încleștate,
Trupul ars de tenebre.
Fără negură
Plin de apă,
Umed până în măduvă
Afundat în muzică
Merg!
Merg!
Ajung până la tine;
Până la tine care ești umbră
Umbră și Lux ale elementelor timpului;
Ale obiectelor de neclintit ale timpului.
Merg înspre tine
Cu brațele deschise,
Înflăcărat de mireasma cosmosului.
Gol
Merg fără grabă
Cu urechile astupate,
Cu ochii afundați în prezențe.
Ajung la tine
La tine care ești la fel;
Floare de Turitzio
Macul nopții.

II.

Princesa de Turitzio
Aquí nada es obsoleto;
Todo vibra,
Se levanta sobre su propio aire.
La danza
- La desnudez de quienes danzan -
Habla de una obsolescencia que no nos pertenece.
Todo es eterno
Tiene un viento otro
Una respiración nueva para los astros.
Todo se detiene;
Cobra un vuelo y un arpegio para el mundo;
La lluvia trae su música,
Nos habla de ese tiempo no circular,
De ese tiempo regresivo,
Donde las cosas toman su apariencia real
Su ropa última.
Entonces te veo
En ese vacío
En esa muerte oscura
En esa diáspora de la Lux.
Te veo rodeada de pinos
De flores silvestres y blancas
Estrellas negras y rojas,
Tablas esmeraldas.
Te veo
Así
Desnuda
Rodeada de resplandor
Aquietada por la música de la muerte.

II.

Prințesa de Turitzio
Nimic nu este învechit aici;
Totul vibrează,
Se ridică peste propriul văzduh.
Dansul -
Goliciunea celor care dansează –
Vorbește despre o uzură care nu ne aparține.
Totul este veșnic
Are un alt vânt
O nouă respirație pentru astre.
Totul se oprește;
Primește un zbor și un arpegiu pentru lume;
Ploaia își aduce muzica,
Ne vorbește despre acel timp necircular,
Despre acel timp regresiv,
Când lucrurile își capătă chipul real
Ultimele lui veșminte.
Atunci te văd
În acel vid
În acea diasporă a Luminii.
Te văd înconjurată de pini
În acea moarte întunecată
De flori sălbatice și albe
De stele negre și roșii,
Pat de smarald.
Te văd
Așa
Goală
Înconjurată de splendoare
Domolită de muzica morții.

III.

La corona que llevas sobre tu vientre
Me habla de aquellos lugares
Donde el tiempo no existe.
Todo en ti se vuelve perenne
Se aquieta como el vacío.
En ese vacío hallo mi centro,
El centro donde tú eres el todo
Y tu piel
Un viejo candelabro para volver al origen.
Esa belleza de ti
Emanada a través tuyo
Me habla de cosas lejanas
Aparentemente muertas.
Entonces todo resucita:
Mi deseo de ti,
Mi alimento.
En algún lugar de la noche
Hablo con tu brillo,
Lo bebo.
Ese brillo que trato de aprehender
Y sin embargo tú cifras,
Atesoras,
Me traduce las cosas que no existen:
La muerte,
El silencio,
Los abismos.
El Infinito en tus lámparas
En ellas me hallo
Me resumo.
Ese eco de Turitzio llega a mis ojos
Trae consigo la arena,
El viento,
El fuego de unas manos

III.

Coroana pe care pe pântec o porți
Îmi vorbește despre acele locuri
Unde timpul nu există
Totul în tine devine veșnic
Se domolește precum vidul.
În acel vid îmi aflu centrul,
Centrul unde tu ești întregul
Iar pielea ta
Un vechi candelabru pentru a reveni la origine.
Această frumusețe a ta
Pe care tu o emani
Îmi vorbește despre lucruri străine
Aparent moarte.
Apoi, totul reînvie:
Dorul meu după tine,
Hrana mea.
Undeva în noapte
Eu vorbesc cu strălucirea ta,
Eu o beau.
Această strălucire pe care încerc s-o deprind
Și totuși tu calculezi,
Aduni,
Îmi traduci lucruri care nu există:
Moartea,
Liniștea,
Abisurile.
Infinitul în lămpile tale
În ele mă găsesc
Mă rezum.
Acest ecou din Turitzio ajunge la ochii mei
Aduce cu el nisipul,
Vântul,
Focul unor mâini

Hasta hace poco desconocidas.
Todo es nuevo en este estado
Todo es viejo y portentoso en este estado.
En el lugar donde me hallo
La Lux tiene el rostro de una mujer.

Până mai adineauri necunoscute.
Totul este nou în această stare
Totul este vechi și fantastic în această stare.
În locul unde mă aflu
Lux are chipul unei femei.

IV.

Yo te veo a través de un crepúsculo otro
A través de las mandrágoras de una música otra.
En esa esquina meridiana te sitúas,
Navegas sobre mí
Como una avalancha de espejos,
O un riachuelo de lámparas encendidas.
El río de los caracoles
Tararea tus nombres:
Flor, viento,
Arboladura.
Mi escritura precede a los relojes de la muerte,
Está dictada por unas manos asesinas;
Unas manos que anticipan
La cifra exacta de tu desnudez.
Tu vida era todo un misterio para mí,
Ahora te descifro a partir de una brújula otra
Te hago mía a través de la noche;
Oscuras imágenes del sueño,
Exaltación
Y arrobamiento de mi conciencia.
A través de tus noches
Me trasplanto en tu madero de espinos.
Al trasplantarme
Tú mueres en mí
Y me amas,
Porque resucitas.
Más allá de las ruinas de un paisaje,
- Una plenitud que se descifra en tu conciencia otra-,
Comprendes estas cosas,
Las intuyes:
La muerte es necesaria para anunciar ciertos caminos,
Y aquella región denominada silencio
Esboza unas puertas extrañas que debemos abrir.

IV.

Eu te strevăd printr-un alt amurg
Prin mandragorele unei alte muzici.
Tu te afli în acest unghi meridian,
Navighezi pe deasupra-mi
Ca o avalanșă de oglinzi,
Sau ca un pârâu de lămpi aprinse.
Râul melcilor
Fredonează numele tale:
Floare, vânt,
Crâng
Scrierea mea precede ceasurile morții,
Este dictată de niște mâini ucigașe;
Niște mâini care anticipează
Cifra exactă a goliciunii tale.
Viața ta era un întreg mister pentru mine,
Acum te descifrez plecând de la o altă busolă
Te fac a mea prin noapte;
Imagini întunecate ale visului,
Exaltare
Și răpire a conștiinței mele.
Prin nopțile tale
Mă transplantez în ramurile tale cu spini.
Când mă transplantez
Tu mori în mine
Și mă iubești,
Pentru că înviezi.
                                        Dincolo de ruinele unui peisaj, -
O plinătate care se descifrează în cealaltă conștiință a ta -
Înțelegi aceste lucruri,
Le intuiești:
Moartea este necesară pentru a prevesti anumite cărări,
Iar meleagul acela numit tăcere
Conturează niște uși ciudate pe care trebuie să le deschidem.

V.

Sé que soy frágil,
Que la muerte trasciende más allá de este juego de espejos.
Que el fuego,
- Aquel resplandor que ahora me aquieta-
Está conmigo,
Me llena de vahos
Orificios de Lux.
Busco un sendero
Acaso otro, un camino atávico
Que me lleve al éxtasis del vacío,
Donde uno comienza de nuevo
Y las cosas retornan a los momentos ancianos
Cuando los cuerpos en una espiral de jadeos
Se enlazan.
Cuando se está cerca del sol
Uno no ve sus rayos;
La luminosidad suele ser esquiva
Cuando más cerca está de nuestras manos.
Entonces uno cree que la Lux,
Como el amor
- Que es lo mismo -,
Se aleja, da vueltas
Hasta evaporarse en el cruce de una rosa de vientos.
Somos nosotros
Pequeños gránulos del todo
Quienes insistimos en separar
En alejar
En tomar distancia
Cuando el amor ya nos ha quemado los huesos
Y el sol, a través de viejos anticuarios,
Esparce su ritmo cósmico
En la oscilación de lo que creemos
Ha fenecido.

V.

Eu ştiu că sunt fragil,
Că moartea transcede dincolo de acest joc de oglinzi.
Că focul, -
Strălucirea aceea care mă linişteşte acum -
Este cu mine,
Mă umplu de aburi
Orificiile lui Lux.
Eu caut o cale
Poate alta, un drum atavic
Care să mă ducă la extazul vidului,
Acolo unde cineva începe din nou
Iar lucrurile revin la clipele de odinioară
Atunci când trupurile într-o spirală de gâfâieli
Se înlănţuie.
Atunci când eşti aproape de soare
Nu-i vezi razele;
Luminozitatea este mai evazivă
Cu cât este mai aproape de mâinile noastre.
Atunci se crede că Lux,
La fel ca iubirea -
Care este acelaşi lucru -
Se depărtează, orbitează
Până când se evaporă la întâlnirea cu o roză a vânturilor.
Noi suntem
Grăunţele mărunte ale întregului
Cei care insistăm să despărţim
Să depărtăm
Să ne distanţăm
Atunci când dragostea ne-a ars deja oasele
Iar soarele, prin vechi anticariate,
Răsfirându-şi ritmul lui cosmic
S-a stins
În oscilaţia lucrurilor crezute de noi.

VI.

Sincronizados
Ungidos por el cordón de lo sacro
Abrazados al resplandor de viejas bujías,
Llegamos al límite de la noche.
Allí estamos
Rodeados de cristales acuosos
Creaturas de aire,
Criaturas que se pavonean por el cosmos
Como nuestra realidad última;
Nuestra gran oscilación
Antes de la muerte de los relojes.
En ese lugar de las sombras
Tus ojos me hablan de tiempos idos,
Recobrados,
Tiempos pretéritos y futuros.
Y sin embargo,
Es esta Lux la que amamos,
La que nos resistimos a perder.
Podemos morir en este instante,
Mas esa Lux,
Ese fuego,
Esa hoguera de bocas,
Queda en nosotros,
Como un hálito,
Como un relámpago ciego.
Podemos no tocarnos,
No abrazarnos,
No besarnos nunca.
Y la Lux sigue,
Ondea,
Besa nuestros pies.
Los péndulos de las sombras
Las péndolas de la muerte

VI.

Sincronizați
Unși de brâul sacrului
Îmbrățișați în strălucirea vechilor lumânări,
Am ajuns la limita nopții.
Acolo suntem
Înconjurați de cristale apoase
Creaturi ale văzduhului,
Creaturi care străbat cosmosul
Ca ultimă realitate a noastră;
Marea noastră oscilație
Înainte de moartea ceasurilor.
În locul acela al umbrelor
Ochii tăi îmi vorbesc despre vremuri trecute,
Recuperate,
Timpuri trecute și viitoare.
Și totuși,
Pe această Lux o iubim,
Pe aceea pe care nu vrem să o pierdem.
Putem muri în clipa aceasta,
Dar acea Lux,
Acel foc,
Acea flacără de guri,
Rămâne in noi,
Ca o adiere,
Ca un fulger orb.
Putem să nu ne atingem,
Să nu ne îmbrățișăm,
Să nu ne sărutăm niciodată.
Dar Lux continuă,
Se unduiește,
Ne sărută picioarele.
Pendulele umbrelor
Pendulele morții

No pueden con la luminosidad
De lo que está escrito:
La escritura en la piedra del mago.
Sobre ella los orígenes de lo que no hemos sido
De lo que podemos llegar a ser
Cuando coincidamos con el giro de cientos de asteroides;
La única realidad intangible
Sobre el mar de la incertidumbre
Y el océano de las primeras presencias.

Poate că nu cu lumina
A ceea ce este scris:
Scrierea de pe piatra magului.
Pe ea originile a ceea ce nu am fost
A ceea ce putem deveni
Când ne vom potrivi în rotirea sutelor de asteroizi;
Singura realitate intangibilă
Pe marea incertitudinii
Şi pe oceanul primelor prezenţe.

VII.

De gota en gota
Se hace este poema.
Él bebe de ti,
Princesa de Turitzio,
Bebe de tu fuego interior:
Eco que atraviesa las llanuras
Y los terraplenes solariegos de la muerte.
En el bosque de los ovellones,
Más allá del reino de la tarde,
Se hace este poema;
Se escribe desde una grafía intraducible.
Este poema surge
Para formarse en espiral de los caminos.
Será un libro narrado desde el calor
Desde la refulgencia que aminora todo lo que vibra,
Todo lo que tiene alas.
Tómalo
Soberana de las sombras,
Es un libro tuyo
Un homenaje a la lluvia de lo que aún pervive
Un libro que aún cree en el amor
En el fulgor de lo que nunca muere.
Un libro que de alguna manera habla de ti
De esa Lámpara cifrada que es tu nombre,
Esa Lámpara que ilumina con sencillez
La claridad trascendental
Lo oculto
Lo que vuela
A esa fuente original
Que se yergue entre los viejos campanarios:
El lugar donde la Lux tiene el rostro de una moneda,
El rostro único y recóndito de una moneda.

VII.

Pic cu pic
Se zămislește acest poem.
El bea din tine,
Prințesa de Turitzio,
Bea din focu-ți lăuntric:
Ecou care traversează câmpiile
Și terasele de viță nobilă ale morții.
În pădurea celor din Ovellónes,
Dincolo de împărăția serii,
Se zămislește acest poem;
El este scris într-o grafie intraductibilă.
Acest poem se ivește
Pentru a se forma în spirala drumurilor.
Va fi o carte povestită de căldură
De scânteierea care micșorează tot ceea ce vibrează,
Tot ce are aripi.
Ia-o
Suverana umbrelor,
E o carte a ta
Un tribut adus ploii din care încă mai viețuiește
O carte care mai crede încă în dragoste
În licărirea a ceea ce nu moare nicicând.
O carte care vorbește cumva despre tine
Despre această Lumină criptată care este numele tău,
Această Lampă care luminează cu simplitate
Claritatea transcendentală
Ceea ce este ascuns
Ceea ce zboară
Acel izvor originar
Care se înalță între vechile clopotnițe:
Locul unde Lux are chipul unei monede,
Fața unică și ascunsă a unei monede.

VIII.

Que la poesía sea catarsis
Transmutación
Metamorfosis.
Que la poesía extienda su puente
Labre una línea
Dibuje un paisaje.
Que en ese paisaje
El amor y sus sombras
Formen una piel que ruede sobre la noche,
Una piel que no conozca de caídas
De hogueras;
Las ordalías del templo.
Que en ese lugar,
En ese paisaje solariego de la infancia,
Las bocas sólo beban el fulgor de las manos,
El calor a media asta de los cuerpos.
No habrá,
En ese gran lugar del insomnio, un dedo que mire,
Una mano que someta
La desnudez sombreada de aquellos que locamente se devoran.
Seremos libres como las aves del crepúsculo
Libres y plenos de sol como la hoguera del cielo.
Que la poesía sea catarsis
Alimento
Fascinación para el alma.
Que la poesía abra puentes
Desnude caminos.
Pero que ella,
La poesía
(Y la Lux),
Desde adentro nos hable
Nos muestre el bastión de las músicas;
Los viejos diccionarios de la noche.

VIII.

Poezia să fie catharsis
Transmutație
Metamorfoză.
Poezia să-și extindă puntea
Să traseze o linie
Să deseneze un peisaj.
În acel peisaj
Dragostea și umbrele ei
Să formeze o piele care să domine noaptea,
O piele care să nu cunoască prăbușiri
Flăcări;
Judecățile templului.
În acel loc,
În acel peisaj solar din copilărie,
Gurile beau doar strălucirea mâinilor,
Căldura la jumătate de stânjen față de trupuri.
Nu va fi,
În acel mare loc de insomnie, un deget care arată,
O mână care să supună
Nuditatea umbrită a celor care se devorează nebunește.
Vom fi liberi ca păsările amurgului
Liberi și plini de soare ca focul din cer.
Poezia să fie catharsis
Hrană
Fascinație pentru suflet.
Poezia să deschidă punți
Să descopere drumuri.
Dar ea,
Poezia
(Și Lux),
Ne vorbește din lăuntru
Ca să ne arate bastionul muzicilor;
Vechile dicționare ale nopții.

IX.

Del sueño,
De su territorio inefable,
Traigo este poema.
Lo he raptado de las manos de la muerte.
Ha sido vivo,
Levantado de los huesos luminosos de una piedra.
Un poema recubierto de alas,
De abismos
De viejas órbitas desvaídas por un pájaro.
De allí ha brotado este poema
De los estallidos de un árbol de fuego
Del madero balsámico de una hoguera de sombras.
He raptado del mundo interior
-de aquel mago interior que cohabita conmigo-
Este poema para ti,
Para tus ojos que cifran las ánimas celestes de la noche.
Poema simple
Para ti
Para tu otra
Para tu otra tú:
La gran desconocida.
Tú que llevas los anillos de una ortiga entre tus dientes
Debes descifrarlo
Desnudar el tiempo
Comprender El principio,
-El Telos-
De un poema que se abre ante tus ojos
Como si fuera un cofre virgen
Un ánfora escanciada por un río de pájaros.
Del territorio inefable de la muerte
Traigo este poema.
No es un sueño.

IX.

Din vis,
De pe meleagul lui inefabil,
Aduc această poezie.
Am răpit-o din mâinile morții.
A fost vie,
Ridicată din oasele luminoase ale unei pietre.
O poezie acoperită de aripi,
De abisuri
De vechi orbite stinse de o pasăre.
De acolo a apărut această poezie
De la zbucnirile unui arbore de foc
Din lemnul balsamic al flăcării de umbre.
Am răpit-o din lăuntrica lume -
Din acel mag interior care coabitează cu mine -
Această poezie pentru tine,
Pentru ochii tăi care criptează sufletele celeste ale nopții.
Poezie simplă
Pentru tine
Pentru cealaltă
Pentru cealaltă tu:
Marea necunoscută.
Tu care porți inelele unei urzici între dinți
Trebuie s-o descifrezi
Să dezbraci timpul
Să înțelegi Începutul,
- Telosul -
De la o poezie care se deschide în fața ochilor tăi
Ca și cum ar fi un sân virgin
O amforă vărsată de un râu de păsări.
De pe teritoriul inefabil al morții
Aduc această poezie.
Nu este un vis.

X.

A través de los sentidos
Escucho mi voz,
Eco de una conciencia otra;
La resonancia mística
Que me habla de un celaje de alucinación y de audiencia.
En esa bruma se van descifrando los misterios:
Tu voz,
Tu numen;
Una revelación que muestra caminos por recorrer
Caminos que van dentro de ti.
En mi acústica
Escucho la voz de quien no tiene cuerpo
De aquellos que poseen una piedra como precipicio,
Una runa sagrada
Que pese a su silencio
Habla,
Convoca.
En ese mundo fantástico
Emitido por un eco insonoro
Mudo,
Entiendo la voz dentro de mí,
La voz de los cristales,
De los espejos.
Y es esa voz,
El numen de un cadáver,
Quien descifra la palabra verbo
Las manos para el hechizo
La boca para los húmeros.
Es esa bruma,
Quien sabe la verdad de lo que se oculta
La verdad de lo que está por replegarse.

X.

Prin simțuri
Îmi aud glasul,
Ecoul unei alte conștiințe;
Rezonanța mistică
Îmi vorbește despre o lucarnă a halucinației și a ecoului.
În ceața aceea sunt descifrate misterele:
Glasul tău
Numenul tău;
O revelație care arată căi care trebuie străbătute
Căi care merg în lăuntru-ți.
În acustica mea
Aud glasul cuiva fără trup
Al celor care au o piatră ca o prăpastie,
O rună sacră
Care în ciuda tăcerii sale
Vorbește,
Provoacă.
În lumea aceea fantastică
Iscată de un ecou fără sunet
Mut,
Aud glasul din lăuntrul meu,
Glasul cristalelor,
Al oglinzilor.
Iar acel glas
Numenul unui cadavru,
Care descifrează cuvântul verb
Mâinile pentru vrajă
Gura pentru umeri.
Este acea ceață
Care știe adevărul despre ceea ce e ascuns
Adevărul despre ceea ce va face cale înoarsă.

XI.

Soy un pequeño Prometeo
Le robo fuego a la Lux
Carbón a la noche.
El camino,
Hacia todas las coloraciones,
Guarda para mí un pequeño hilo
Un delgadillo goteo de agua.
Y bebo de ese fuego,
De ese rumor que cae sobre mi cabeza;
Un campanear que me viste de azul y de blanco;
El color iniciático de los posesos.
En el sueño, el lugar donde me desvisto de signos,
De pesadas escrituras,
Tergiverso el mundo,
Le doy vueltas al espejo de lo real.
El estuche de Orfeo me pertenece.
De él saco mi flauta, mi caramillo,
Mi lira
Seduzco la oscuridad bajo a los infiernos.
Allí encuentro la Lux
La miro de frente
Le robo sus quintaesencias.
Y es mentira que me mire desde un espejo
Que un aguilucho de piedra picotee mis entrañas.
Sólo la luminiscencia
Agujerea mis sueños
Encandila mis vísceras.
La Lux
Sólo la Lux
Poseído de ella
Hacia ella me entrego
De ella vengo
Como un canto atravesado por la muerte.

XI.

Eu sunt un mic Prometeu
Fur foc de la Lux
Cărbune de la noapte.
Drumul,
Spre toate coloraturile,
Îmi păstrează un mic fir
Un firicel de apă.
Și beau din focul acela,
Din acel susur care cade peste capul meu;
Un dangăt care mă înveșmântează în azur și în alb;
Culoarea inițiatică a posedaților.
În vis, acolo unde mă dezbrac de semne,
Din scrierile mele apăsătoare
Eu deformez lumea,
Mă rotesc în jurul oglinzii realului.
Cutia lui Orfeu îmi aparține.
Din ea îmi scot flautul, fluierul,
Lira
Seduc întunericul jos până-n iad.
Acolo o întâlnesc pe Lux
O privesc în față
Îi fur chintesența.
Și este o minciună că mă uit dintr-o oglindă
Că un vultur de piatră îmi ciugulește măruntaiele.
Numai luminiscența
Îmi sfredelește visele
Îmi aprinde viscerele.
Lux
Numai Lux
Posedat de ea
Spre ea mă dăruiesc
De la ea vin
Ca un cântec străpuns de moarte.

XII.

La fusión cósmica
Me dice que soy Pez,
Pájaro,
Zopilote.
Que vislumbro a las alturas
Como una estrella negra
O un trébol de siete puntas.
Miro mis manos
Que me son ajenas
Distantes
Desconocidas.
Miro mis pies,
Los pies de la noche,
Los dedos de las mandrágoras;
- Cada vez hay más distancia,
Más abismos en mi cabeza -.
Lejos de ellas
La flor de Turitzio
Toma forma,
Se empina
Es flor de Loto,
Venado
Piquero de patas azules.
La música me convoca
Me vuelve uno con la armonía de los astros
Uno con el polvo equidistante de la noche.
Así
En esa tierra que me integra
Llego
Me quedo
Me trasplanto
Comienzo a ser tu sombra
Árbol de hojas aromáticas.

XII.

Fuziunea cosmică
Îmi spune că sunt Peşte,
Pasăre,
Vultur-pleşuv.
Că întrezăresc înălţimile
Ca o stea neagră
Sau ca un trifoi cu şapte foi.
Îmi privesc mâinile
Care îmi sunt străine
Distante
Necunoscute.
Mă uit la picioarele mele,
Picioarele nopţii,
Degetele mandragorelor; -
De fiecare dată distanţa e tot mai mare,
Mai multe abisuri în capul meu -.
Departe de ele
Floarea de Turitzio
Ia formă,
Se înalţă
E floare de Lotus,
Cerb
Corb de mare cu picioare albastre.
Muzica mă cheamă
Mă face totuna cu armonia stelelor
Totuna cu colbul echidistant al nopţii.
Astfel,
În acel pământ care mă însumează
Sosesc
Rămân
Mă răsădesc
Prind să fiu umbra ta
Arbore cu frunze-aromate.

Tu ventana
Ese precipicio
Por donde me allego
Me calcina
Me quema
Me vuelve polvo.
Soy como el Ave Fénix:
Renazco en el crepúsculo de la muerte
Resucito en los maderos del relámpago.

Fereastra ta
Prăpastia aceasta
Prin care m-adaug
Mă calcinează
Mă arde
Mă transformă în colb.
Sunt precum Pasărea Phoenix:
Renasc în amurgul morții
Înviez în ramurile fulgerului.

XIII.

Incito a la escritura
La provoco.
Desde algún lugar del silencio
Ella brota
Emerge como una rosa;
Un poema sin nombre,
Revestido de Lux.
La Lux llega con la palabra
Con el néctar de su origen.
La atrapo, la desnudo, la tomo.
Un viento golpea mi cara
Me llena de brillo.
El cuerpo que creo mío
Subyace en las escalinatas del bosque.
No es mi templo
No es mi inocencia.
Sin embargo,
Logro aplacarlo
Derribarlo en su ego
En su resonancia.
Entonces queda un río
Un montículo de piedras y arena.
Ese es mi cuerpo
La vaciedad
El silencio
La rosa;
La florecilla que germina de tus acústicas
La suave crisálida que aletea con reverberaciones sonoras.
Eres Tú quien da Vida.
Lo demás es puro silencio.
Vértebra.
                    Cuchillo.

XIII.

Instig la scris
Îl provoc.
De undeva din tăcere
El înmugurește
Se ivește precum o roză;
O poezie fără nume,
Înveșmântată în Lux.
Lux sosește cu cuvântul
Cu nectarul originii sale.
O prind, o dezbrac, o iau.
Un vânt îmi șfichiuie fața
Mă umple de strălucire.
Trupul care cred că este al meu
Se ascunde în urcușul pădurii.
Nu e templul meu
Nu este inocența mea.
Cu toate acestea,
Reușesc să-l domolesc
Să-l dobor în ego-ul său
În rezonanța sa.
Atunci rămâne un râu
O movilă de pietre și de nisip.
Acesta e trupul meu
Goliciunea
Tăcerea
Roza;
Floarea care germinează din sunetele tale
Crisalida suavă care flutură cu sonore reverberații.
Ești Tu cea care dai Viață.
Restul este pură tăcere.
Vertebră.
Cuțit.

XIV.

Ya es hora de dormirme,
De aquietar mi Ser,
Transpirar mis últimos poemas
En las orillas de la muerte.
Moribundo de ti
Excluido de tus sienes
De tu aroma
De tu terrible belleza,
Muero.
Ya es hora de apagar los ojos
Abrir los brazos,
Las manos
Para que me invada el fallecimiento
El último soplo en los huesos
El ágora incandescente de la noche.
Con mi piel vestida de blanco
Recorro las estancias de las sombras;
Soy un farol
Un candil
Una Lámpara de aceite
En busca de una mano asesina.
Debo morir
Expirar
Escuchar mi exhalación herida
Sumergir mi cabeza en la espuma de lo que perece.
Morir de mí
De ti
De los dos
Acuchillar las horas que me restan de camino
Ser un pasajero del tren de la memoria
Del tañido triste de mortuorias campanas.
Ya es hora de dormirme:
Hora de aquietar mi corazón.

XIV.

E timpul să mă adormi,
Să-mi liniştești Ființa,
Să-mi năduşeşti ultimele poezii
Pe țărmurile morții.
Muribund după tine
Alungat din templele tale
Din mireasma ta
Din teribila-ți frumusețe,
Eu mor.
E timpul să închid ochii
Să deschid brațele,
Mâinile
Ca să mă invadeze moartea
Ultima respirație din oase
Agora incandescentă a nopții.
Cu pielea-mi înveşmântată în alb
Cutreier odăile umbrelor;
Sunt un felinar
Un opaiț
O lampă cu petrol
În căutarea unei mâini asasine.
Trebuie să mor
Să expir
Să-mi aud răsuflarea rănită
Să-mi afund capul în spuma a ceea ce piere.
Să mor de mine
De tine
De amândoi
Să înfig cuțitul în orele care-mi mai rămân din drum
Să fiu un pasager al trenului memoriei
Al drumului trist al clopotelor mortuare.
E timpul să dorm:
Timpul să-mi liniştesc inima.

XV.

Una palabra que galope
Una palabra en donde las correspondencias existan.
Una palabra llena de aire
Una sola.
Una palabra venida de tu nombre,
De tu templo interior.
Fuego
Resplandor
Hoguera.
Una palabra de estrellas,
De luna
Y
   Ovellones
      De luna.
Una palabra que crepite
Que atraviese tu cuerpo
Tus manos
Tu vientre.
Un vocablo que busque
Penetrar las campanas del viento
El repicar de tus ritmos cardiacos
El juego del aire con tu cabello monódico.
Una palabra secreta
Remota,
Tallada,
Pulida.
Resplandor
Luminiscencia
Fuego
Crepitación:
Una palabra llena de lux
Una sola.

XV.

Un cuvânt care galopează
Un cuvânt în care există corespondențe.
Un cuvânt plin de aer
Numai unul.
Un cuvânt care se trage din numele tău,
Din templu-ți lăuntric.
Foc
Strălucire
Flacără.
Un cuvânt de stele,
De lună
Și
  Ovellónes,
      De lună.
Un cuvânt care trosnește
Care trece prin trupul tău
Prin mâinile tale
Prin pântecul tău.
Un cuvânt care caută
Să pătrundă clopotele vântului
Bătaia ritmurilor tale cardiace
Jocul aerului cu părul tău monodic.
Un cuvânt tainic
Îndepărtat,
Cioplit,
Lustruit.
Strălucire
Luminescență
Foc
Trosnet:
Un cuvânt plin de lux
Numai unul.

XVI.

Conectados desde el origen del tiempo
Mucho antes de nacer;
En la noche absolutamente inmaculada de la muerte
Henchido de miel
Y de leche
Fundido
A mi otro,
A tu otra
Con tres monedas en el bolsillo,
Camino desnudo
                    Descalzo
                                        Por la espesura del bosque.
El canto de un jilguero
Me llama.
Doy vueltas y tumbos hacia ti
Mientras el tiempo
 - Que no existe-
Se esfuma por las rendijas de un árbol.
Veo a la muerte crepitar a mis pies
Todo es eterno,
Perenne
Mudo
Lleno de ecos y de hermosas presencias.
Guiado por una voz
Me dejo llevar por caminos de Ovellónes
Calzadas de piedra
Avenidas revestidas de musgos y helechos.
Un trastabillar de relojes
Se aleja de mis oídos.
Ahora todo es silencio…
                                                  Silencio…
La música fantasmagórica del silencio…

XVI.

Conectați de la originea timpului
Cu mult înainte de a se naște;
În noaptea absolut imaculată a morții
Plin de miere
Și lapte
Contopit
Cu celălalt eu,
Cu cealaltă tu
Cu trei monede în buzunar,
Umblu gol
                    Desculț
                                        Prin desișul pădurii.
Cântecul unui sticlete
Mă cheamă.
Mă răsucesc și fac tumbe spre tine
Pe când timpul -
Care nu există -
Se destramă prin crăpăturile unui copac.
Văd moartea cum trosnește la picioarele mele
Totul este etern,
Veșnic
Mut
Plin de ecouri și de minunate prezențe
Purtat de un glas
Mă las dus pe drumurile din Ovellones
Drumuri de piatră
Străzi acoperite cu mușchi și cu ferigi.
O șovăială de ceasuri
Se depărtează de urechile mele.
Acum totu-i tăcere...
                                                            Tăcere...
Muzica fantasmagorică a tăcerii...

Es hora de cantar
Tararear con la piel
Con las manos,
Desafinar el oído,
Bailotear con los huesos
Galopar sobre el lomo de una guitarra de hojas.
Es hora de todo:
Hora del silencio y sus sombras.

E timpul să cânți
Să fredonezi cu pielea
Cu mâinile,
Să dezacordezi auzul,
Să-ți zbânțui oasele
Să galopezi pe spatele unei chitare de foi.
E timpul pentru tot:
Timpul tăcerii și al umbrelor lui.

XVII.

La Lux procede del Atlántico
Del gran cielo sonoro de viejas acústicas.
La cruz de sus brazos
Es la flor del séptimo sello.
Ahora todo es nuevo en el corralito de piedra.
Una flor de Lis
En mi memoria
Una flor que canta con la faringe de las ocarinas.
Esa rosa es todo verbo:
El ropaje desnudo de los velámenes junto al río.
En mi cabeza la flor se levanta
Es una florecita ardorosa
Pequeña
Tribal,
Una flor misteriosa para los masones;
Arboladuras parlantes para los alquimistas.
En mi memoria su aroma
Su canto
Su terrible belleza.
Los giros melancólicos de una mariposa
Penden ahora de sus dedos.
Ella le devuelve el aliento a las palabras
El último suspiro a las **esloras** de un antiguo navío.
Del gran cielo acuático de las Antillas
Entre ánforas y ortigas de junio,
Mi corazón se rompe contra la sal
Mi corazón se desgaja contra la mar
Contra la Lux
Contra las flores de agosto.
Ebrio de músicas livianas
Mi corazón emprende el regreso hacia el vacío.
De ese lugar de la nada
Entre Ovellones

XVII.

Lux, din Atlantic purcede
Din marele cer sonor al vechilor acustice.
Crucea brațelor ei
Este floarea celei de-a șaptea peceți.
Acum, totul este nou în țarcul de piatră.
O floare de Crin
În memoria mea
O floare care cântă cu gâtlejele ocarinelor.
Această roză e toată verb:
Rufăria despuiată a velierelor de lângă râu.
În mintea mea floarea se înalță
Este o floare arzătoare
Mică
Tribală,
O floare misterioasă pentru masoni;
Arboret grăitor pentru alchimiști.
În memoria mea mireasma ei
Cântecul ei
Frumusețea ei teribilă.
Răsucirile melancolice ale unui fluture
Atârnă acum de degetele ei.
Ea îi redă răsuflarea cuvintelor
Ultimul freamăt al corpului lung al unei bătrâne corăbii.
De la marele cer acvatic al Antilelor
Între amfore și urzici de iunie,
Inima mea se frânge în sare
Inima mea se destramă în mare
În Lux
În florile din august.
Îmbătată de muzici suave
Inima mea apucă drumul de întoarcerea spre vid.
Din acel loc al neantului
Între Ovellónes,

Y helechos colgantes
El amor será trocado en peñasco
En ánfora
En líquenes.
El amor
Que duele por fuera y por dentro
Tiene el olor de una flor
Una flor que sepulta
El talismán de quien ama
El anillo iniciático de quien por su Lux muere.

Și ferigi agățătoare
Dragostea se va preface în stâncă
În amforă
În licheni.
Dragostea
Care doare în afară și înlăuntru
Are mirosul unei flori
O floare care îngroapă
Talismanul celui care iubește
Inelul inițiatic al celui care moare pentru Lux a sa.

XVIII.

Ese hombre,
Ese que no soy
Que mira desde lejos.
Ese hombre que se desmorona en sus carnes
Que comienza a desgajarse en su piel.
Ese esqueleto llamado hombre
Esa obscuridad
Esa suma de huesos
Esa resta de sombras.
Ese hombre que respira y exhala
Que exhala y aspira
Que muere.
Ese laberinto de luces
Ese reloj detenido en la noche
Ese viejo carruaje de espejos y estrellas
Esa alegría oxidada
Esa música que confronta al vacío.
Ese hombre que no soy
Esa huella desconocida
Esa Lux en el sexo de los cristales
Esos herrajes en los vericuetos del sueño.
Ese hombre que era
Que fue
Que sería.
Ese hombre constituido de mandrágora y uvas
Ese hombre obscure calado de éter.
Ese hombre que carga un osario sobre sus hombros
Ese hombre desnudo
Frágil
Pequeño
Fugaz
Ese hombre…
Te ama.

XVIII.

Acel bărbat,
Acela care nu sunt eu
Care privește de departe.
Omul acela care se prăbușește în propria-i carne
Care prinde să se macine în propria-i piele.
Acel schelet numit bărbat
Acel întuneric
Acea sumă de oase
Acea descreștere a umbrelor.
Acel om care respiră și expiră
Care expiră și aspiră
Care moare.
Acel labirint de lumini
Acel ceas oprit în noapte
Acel vechi car de oglinzi și de stele
Acea bucurie ruginită
Acea muzică în confruntare cu vidul.
Acel bărbat care nu sunt eu
Acea urmă necunoscută
Acea Lux în sexul cristalelor
Acele lanțuri din hățișurile visului.
Acel bărbat care era
Care a fost
Care ar fi.
Acel bărbat plămădit din mandragore și struguri
Acel bărbat ascunde adâncimi de eter.
Acel bărbat care poartă osuarul pe umeri
Acel bărbat gol
Fragil
Mic
Trecător
Acel bărbat…
Te iubește.

XIX.

Tu amor me llegó con la lluvia
Con una estela de fuego húmedo.
Tu amor se levantó como un árbol de piedras
Me cubrió con el obscuro nacimiento de una Rosa.
Tu amor
Desnudo y ligero,
Cruzó,
Como agua tranquila,
Las riberas del mundo
Sus obscuros callejones.
Tu amor,
Venido del sexo de los cristales,
De las hendiduras de vidas pasadas
De muertes futuras
De los hilos inaprensibles del ser.
Yo lo vi
Desde una cumbre otra
Desde una orilla otra
Desde una Lámpara cifrada
Que ahora alumbra en mitad de la noche.
La escritura
Surge como un dictado
-como un cuchillo-.
Las palabras
- Que son vibración de tu amor -
Me vienen de un cerebro escondido
Subterráneo
El cerebro que entra en correspondencia con las estrellas
Con el éter
Con planetas apenas descubiertos.
Tu amor
Esa carga semántica
Y Teosófica;

XIX.

Dragostea ta a ajuns la mine cu ploaia
Cu o dâră de foc umed.
Dragostea ta s-a ridicat ca un arbor de pietre
M-a acoperit cu naşterea neguroasă a unei Roze.
Dragostea ta
Goală şi uşoară,
A străbătut,
Ca apa lină,
Ţărmurile lumii
Străduţele ei întunecate.
Dragostea ta,
Venită de la sexul cristalelor,
Din crăpăturile vieţilor trecute
Din morţile viitoare
Din firele fiinţei care nu pot fi prinse.
Eu am văzut-o
De pe un alt pisc
De pe un alt ţărm
De la o Lampă criptată
Care acum luminează în miezul nopţii.
Scrierea
Izvorăşte ca o dictare -
Precum un cuţit -.
Cuvintele -
Care sunt vibraţia iubirii tale -
Îmi vin dintr-un creier ascuns
Subteran
Creierul care intră în corespondenţă cu stelele
Cu eterul
Cu planetele abia descoperite.
Dragostea ta
Această încărcătură semantică
Şi Teosofică;

Ese vuelo diabólico
Y sagrado;
Tu amor:
Esa huella en la carne
Ese beso en la comisura de los labios
Ese abandono
Esa dicha
Ese temblor en la noche
Ese canto de ríos
De nubes henchidas de miel.
Tu amor
Por el que yo guerreo
Por el que muero…
…resucito.

Acel zbor diabolic
Și sacru;
Dragostea ta:
Acea urmă în carne
Acel sărut în colțul buzelor
Acea abandonare
Acea fericire
Acel tremur în noapte
Acel cântec al râurilor
Tălăzuire de miere a norilor.
Dragostea ta
Pentru care eu mă războiesc
Pentru care mor...
…înviez.

XX.

El amor vibra en nosotros
En cada átomo del no-ser.
El amor es Lux
Despeñadero
Hondura.
En el lecho de amor viene la poesía
Emerge con el calor de los cuerpos
Viene con un ramillete de labios.
De ese racimo se desprende su brillo:
Ovellón para nuestras manos
Mandrágora para nuestros dedos
Uva para los dientes.
Del territorio de Dioniso
Viene nuestro amor.
En ese lugar soleado de la infancia
Lo rígido se quiebra
Se vuelve flexible;
No hay nada
Que se resista a la evanescencia:
Todo es simple,
Pequeño,
Fosforescente.
En el Lecho de amor
Las cosas cobran una sonoridad infinita,
Todo Refulge.
Nos volvemos dúctiles
Elásticos
Maleables
Mutables como las voces de un violonchelo.
La flor es la flor
El sexo carnívoro de una flor
Pájaro que picotea nuestra piel.
En el lecho de amor viene la MUERTE

XX.

Dragostea vibrează în noi
În fiecare atom al non-ființei.
Dragostea este Lux
Pisc
Adânc.
În așternutul iubirii vine poezia
Apare din căldura trupurilor
Vine cu un mănunchi de buze.
Din acest ciorchine se desprinde strălucirea ei:
Ovellónes ne oprește mâinile
Mandragora ne oprește degetele
Struguri pentru dinți.
De pe meleagurile lui Dionisos
Vine iubirea noastră.
În acel loc însorit al copilăriei
Rigidul se frânge
Devine flexibil;
Nu există nimic
Care să reziste evanescenței:
Totul este simplu,
Mic,
Fosforescent.
În Patul iubirii
Lucrurile dobândesc o infinită sonoritate,
Totul Scânteiază.
Noi vom deveni ductili
Elastici
Maleabili
Mutabili precum sunetele unui violoncel.
Floarea e floare
Sexul carnivor al unei flori
Pasărea care ne ciugulește pielea.
În așternutul iubirii vine MOARTEA

Arrastra hermosos anillos
Ondeantes palabras de fuego
Humedades calcinadas por tanta ceniza.
La poesía
Principio del fin
Principio -

Atârnă inele frumoase
Unduitoare cuvinte de foc
Umidități calcinate de atâta cenușă.
Poezia
Începutul sfârșitului
Începutul -

XXI.

La Lux titila
Habla a la cara.
Sus ojos absorben linternas
Reflejos distantes de ajados manuscritos.
La Lux tiene el rostro de una mujer
Tiene fisonomía de ave
De quinqué que irrumpe en las sombras.
Y cuando voy por el mundo,
Cuando atravieso la calle
Con mi cuerpo leñoso,
Con mi alma salida de un orificio
Del cuerpo de la agitación
Y la reverberación
De acústicas poco comunes,
La Lux perfora mis huesos
Mi numen de hombre mineral
Diamante embrutecido por la noche.
Es esa Lux que taladra
Esa Lux que agobia la ceguera de quienes quieren serlo
Quien titila como una estrella roja
Una estrella negra apenas perceptible,
De esas que asoman cuando la noche
Es obscura como la muerte
Negra y Obscura como la muerte.
La Lux me mira a la cara
Corre como un Felino de afilados colmillos.
Muerde
Tritura
Atraviesa con sus garras la geografía inasible
De un pájaro que se resiste a crecer.
La Lux vocifera palabras en antiguos faroles
Habla a través del camino,
Laberintos de Yaguares,

XXI.

Luxul pâlpâie
Îi vorbeşte chipului.
Ochii lui absorb felinare
Reflexii depărtate ale ponositelor manuscripte.
Luxul are chipul unei femei
Are fizionomia unei păsări
A lămpii cu gaz care irumpe în umbre.
Iar când merg prin lume,
Când trec strada
Cu trupu-mi de lemn,
Cu sufletu-mi ieşit printr-un orificiu
Al trupului agitației
Și al ecoului
Cu acustice puțin cunoscute,
Luxul îmi perforează oasele
Numenul meu de ființă minerală
Diamant uluit de noapte.
E acel lux care sfredelește
Acel lux care copleșește orbirea celor care vor să fie orbi
Lux care plpâie precum o stea roșie
O stea neagră pe care abia o zărești,
Din acelea care apar atunci când noaptea
E neagră ca moartea
Neagră și întunecată ca moartea.
Luxul mă privește în față
Fuge de colții-ascuțiți precum o Felină.
Mușcă
Pisează
Traversează cu ghearele lui geografia de neatins
A unei păsări care se împotrivește creșterii.
Luxul strigă cuvinte în vechile felinare
Vorbește peste drum,
Peste labirinturile Jaguarilor,

Leopardos,
Antiguos Cenzontles
Que trotan por una cartografía de espejos.
La Lux me mira a los ojos
ENCANDILA
MUERDE.

Leoparzilor,
Mierloilor Antici
Care aleargă printr-o cartogafie-a oglinzilor.
Luxul mă privește în ochi
UIMEȘTE
MUȘCĂ.

XXII.

Yo Soy imán
Estás adherida a mí
Fundida en mí
Como bronce del medioevo.
SOY IMÁN
Y Tú
Acero de espermas
Incandescente aluminio.
Mi fuerza te atrae
Te inclina hacia mí
Como una veleta
Al viento estacional de mis noches.
Soy imán y viento ciclónico
Das vueltas y giros sobre mí
Te alejas
Vuelves
Gravitas y te teletransportas
A esta carretera que me constituye.
Eres Bronce
Hierro forjado.
Te encontré a la vera del crepúsculo
Desnuda
Sumida a la música de los cristales.
Te atraje hacia mí
Te limpié
Te froté con las comisuras de mi boca.
De ti salió un anillo
Una Lámpara revestida de Lux
Un cofre poblado de vinos.
Y te bebí,
Bella ánfora de Turitzio,
Absorbí tus velámenes
Sorbí tus fragancias

XXII.

Eu Sunt un magnet
Ești lipită de mine
Afundată în mine
Ca bronzul Evului Mediu.
EU SUNT UN MAGNET
Iar Tu
Oțel de plodire
Incandescent aluminiu.
Forța mea te atrage
Te apleacă spre mine
Precum o morișcă de vânt
În vântul sezonier al nopților mele.
Eu sunt magnet și vânt ciclonic
Te plimbi și te învârtești deasupra mea
Te depărtezi
Te întorci
Gravitezi și te teleportezi
Pe această cale care mă alcătuiește.
Tu ești Bronz
Fier forjat.
Te-am aflat în realitatea chindiei
Goală
Adâncită în muzica cristalelor.
Te-am atras înspre mine
Te-am limpezit
Te-am mângâiat cu colțurile gurii mele.
Din tine a ieșit un inel
O Lampă îmbrăcată în Lux
Un urcior țărănesc cu vinuri
Și te-am băut,
Amforă frumoasă din Turitzio,
Ți-am absorbit rădăcinile
Ți-am sorbit miresmele

Tus eternos perfumes.
Te adheriste a mí
Como Papel al viento de octubre
Como leña al fuego
Como el náufrago al mascarón del navío.
Te adheriste a mí
Y somos imanes
Hímenes de cierta hoguera de hierro.
Soy imán
Y TÚ
La gracia que atrae
Que funde
Que abrasa
El metal al que de tarde me adhiero
El óxido cristalizado
Por el cual pierdo mis remos
Mis péndolas.
Soy imán.
Estoy adherido a ti.

Eternele tale parfumuri.
Te-ai lipit de mine
Precum Hârtia de vântul din octombrie
Precum lemnul, de foc
Precum naufragiatul de mascota corabiei.
Te-ai lipit de mine
Şi suntem magneţi
Himene ale unui anume foc de fier.
Sunt magnet
IAR TU
Harul care atrage
Care topeşte
Care arde
Metalul de care târziu mă lipesc
Oxidul cristalizat
Pentru care îmi pierd vâslele
Pendulele mele.
Sunt magnet.
Eu sunt lipit de tine.

XXIII.

La espuma del tiempo
Succiona el espacio oblicuo de los cristales.
No hay tiempo sin agua
Todo es corriente
Brisa continua
Otear de veletas.
La espuma
- Que no es el tiempo -
Lo absorbe todo:
Sueños,
Ovellones
Despedidas.
Y ese espacio vacío,
Donde el tiempo es sólo invasión de la mente,
Se torna más azul y más profundo
Más hondo;
Un agujero de acontecimientos extraños
Por donde entran y salen las puertas del no-ser.
El Temps es inexistente
Sólo existe la Lux
Y la Lux
Es un mamífero,
Un viejo cetáceo
Que surca las aguas de los instantes
Las gotas sibilinas de lo que nunca perece.
La espuma del tiempo,
La espuma que es el "tiempo",
Se desliza por los ríos de remotos estanques
En donde las cosas
Hace tiempo dejaron de ser
Y Simplemente corren
Suceden
Se estacionan.

XXIII.

Spuma timpului
Suge spaţiul oblic al cristalelor.
Nu există timp fără apă
Totul este curent
Briză continuă
Scrutare a giruetelor.
Spuma -
Care nu este timpul -
Absoarbe totul:
Visele,
Ovellones
Despărţirile.
Şi acel spaţiu gol,
Unde timpul este doar invazie a minţii,
Se face tot mai albastru şi mai profund
Mai adânc;
O groapă de întâmplări ciudate
Pe unde se intră şi se iese pe porţile nefiinţei.
Timpul este inexistent
Există doar Luxul
Iar Luxul
E un mamifer,
Un bătrân cetaceu
Care ară apele clipelor
Picăturile sibiline ale celor care niciodată nu pier.
Spuma timpului,
Spuma care este „timpul”,
Curge pe râurile stătutelor depărtări
Unde lucrurile
Nu mai există demult
Şi Pur si simplu aleargă
Se întâmplă
Se opresc.

El cetáceo es una reverberación de la nada
Un juego de sombras;
No existe
Sólo nada
Atraviesa el vacío
Circunda el océano de la memoria.
Es un cachalote levantado con la arena de las tinieblas
Con ajados espejos de regios palacios.
La espuma del tiempo
Todo lo absorbe
Todo lo devora.
Más el tiempo
Que es una ballena
Sumergida en las raíces submarinas del mundo
No dice nada
Desaparece
Se desvanece
Hilos de horas…
Evanescencia infinita.
Queda tu Lux
La Lux.
La magnífica Lux que todo lo puebla.
La espuma del tiempo
Succiona el espacio oblicuo de las agujas.
Todo es corriente
Muerte continua
Otear de Palomas.

Cetaceul este o reverberație a nimicului
Un joc de umbre;
Nu există
Chiar nimicul
Străbate golul
Înconjoară oceanul amintirilor.
E un cașalot ridicat odată cu nisipul întunericului
Cu oglinzile învechite ale palatelor regale.
Spuma timpului
Absoarbe totul
Devorează totul.
În afară de timp
Care e o balenă
Afundată în băierile submarine ale lumii
Nu spune nimic
Dispare
Pălește
Fire de ore...
Evanescență infinită.
Îți rămâne Luxul tău
Luxul.
Magnificul Lux care populează totul.
Spuma timpului
Suge spațiul oblic al acelor.
Totul este curent
Moarte continuă
Scrutare a Porumbeilor.

XXIV.

Mi Cuerpo es un campo de anémonas
Está sembrado de fuego,
Arado por la luminosidad de un faro invisible.
Desde un lugar que desconozco
El naranja y el rojo
Que son los colores de la efusión
Queman este esqueleto
Lo pueblan de una tarde Infinita
Sempiterna
Colgada de Lunas.
Este cuerpo centellea una música constante
Un gotear de cicatrices para la piel.
Mis huesos son atravesados
Por el resplandor de ese faro
Por el rayo etéreo de un asteroide.
Y pese a ser un campo de anémonas
Un campo de trigo,
Este cuerpo está anidado por un lenguaje invisible
Sonoro
Apenas perceptible por los oídos del Todo,
Del Uno,
De la raíz invertida.
La matriz del Todo
- Que es el tallo del origen -
Es la lengua de los pájaros
El alfabeto atávico de las libélulas
La vibración de los noventa y nueve nombres
Con los que ahora me visto,
Y con los que voy por la noche con una llama obscura.
 Este campo de Hierbas
   Y Polen
          Llamado cuerpo,
Este campo de anemones

XXIV.

Trupul meu este un câmp de anemone
E semănat cu foc,
Arat de luminozitatea unui far nevăzut.
Dintr-un loc care îmi e necunoscut
Portocaliul şi roşul
Care înseamnă culorile văpăilor
Care ard acest schelet
Îl populează cu o după amiază Infinită
Eternă
Agăţată de Luni.
Acest trup scânteiază o muzică stăruitoare
O burniţă de cicatrici pentru piele.
Oasele mele sunt străbătute
De strălucirea acelui far
De raza diafană a unui asteroid.
Şi chiar dacă sunt un câmp de anemone
Un câmp de grâu
Acest trup este locuit de un limbaj invizibil
Sonor
Abia perceput de urechile Totului,
Unului
De rădăcina inversată.
Matca Totului -
Care este tulpina originii -
Este limba păsărilor
Alfabetul atavic al libelulelor
Vibraţia celor nouăzeci şi nouă de nume
Cu care acum mă înveşmântez
Şi cu care merg prin noapte cu o flacără obscură.
Acest câmp de Iarbă
    Şi de Polen
        Numit trup,
Acest câmp de anemone

Y polen
Llamado cuerpo,
Respira música,
Escucha los olores de tu mundo interior
Saborea la miel de tus extremidades.
Y son esos pies,
Esos pasos tuyos
Las huellas de mi campo de espigas
El surco de Lux de un cuerpo encendido.
Tus pasos son el arado
La tierra
La sombra y la siembra,
La flor que germina buscando su lámpara.
Mi cuerpo es un campo de Anémonas,
Un labrantío de líquenes.

Și de polen
Numit trup,
Respiră muzică,
Ascultă mirosurile lumii tale interioare
Gustă mierea extremităților tale.
Și sunt acele picioare
Acei pași care îți aparțin
Urmele câmpului meu de spice
Ridul Luxului pe un trup aprins.
Pașii tăi sunt aratul
Țărâna
Umbra și semănătura,
Floare care germinează căutându-și lumina.
Trupul meu e un câmp de Anemone,
Un câmp de licheni.

XXV.

Luna
Te tengo entre grilletes
Presa en las muñecas de mis manos.
Cualquier intento tuyo de obscuridad,
Cualquier divagación tuya por las sombras,
Es contrarrestada por un hálito de fuego
Por altas rogativas contra la muerte de tus pies.
Te tengo entre mi cuerpo
Te aprisiono fuerte
Eres mi cautiva,
El destello de átomos
Que se niega a escapar,
Que no puede escapar,
Que no vuela.
Una oración para los casos difíciles
Viene sobre este hermoso laberinto
En donde no hay Ariadna
No hay polvo
Cosecha de huesos.
Te tengo entre mis ojos
Eres la idea
El puñal homicida
La espada quemada por una tabla de espinos.
Estás entre mis dientes
Eres como la flor de Turitzio
El liquen de estrella
Que me niego a morder.
Te tengo entre grilletes
Presa,
Arrinconada,
Vencida.
Y de esa celda de flores
De esa mazmorra de Lux

XXV.

Lună
Te țin în lanțuri
Închisă între încheieturile mâinilor mele.
Orice încercare a ta prin întuneric,
Orice ocol al tău printre umbre,
Sunt încătușate printr-o respirație de foc
Prin mari rugăminți pentru moartea picioarelor tale.
Te am în trupul meu
Te întemnițez stranic
Ești captiva mea,
Licăr de atomi
Care nu vrea să fugă,
Care nu poate să fugă,
Care nu zboară.
O rugă pentru împrejurările dificile
Vine peste acest frumos labirint
În care nu există Ariadna
Nu există colb
Recoltă de oase.
În ochii mei te ațin
Ești idea
Cuțitul criminal
Spada arsă de șiragul de spini.
Ești între dinții mei
Ești precum floarea din Turitzio
Lichenul de stea
Pe care refuz să-l mușc.
Te țin în lanțuri
Zăvorâtă,
Încolțită,
Învinsă.
Iar din celula aceea de flori
Din temnița aceea de Lux

Vendrán a nosotros las palabras
El conjuro
Los hechizos.
Eres alta y soberbia como la muerte
Más yo te tengo entre eslabones
Te poseo
Te aprisiono.
Te tengo entre grilletes
Presa en las muñecas de mis manos.
Eres mi anillo
Mi reloj de pulso
Mi crucifijo de diamantes.

Vor veni către noi cuvintele
Vraja
Incantațiile,
Ești înaltă și mândră precum moartea
Dar eu te am între verigi
Te posed
Te încui
Te am în lanțuri
Închisă între încheieturile mâinilor mele.
Ești inelul meu
Ceasul pulsului meu
Crucifixul meu de diamante.

XXVI.

La vida me habla
Me Transmite señales.
La vida solfea a diario,
Y en esa hermosa cantilena
Que se propaga con la lluvia
La vida,
Que también es la muerte,
Se viste con luminosos ropajes,
Va por el mundo con su túnica blanca
Y un coro de abejas secunda su Himno.
El canto, entonces, es una señal:
La vida me habla con claras palabras,
Con luminosos letreros
Puestos en la pared de las horas
En los tramos obscuros de los caminos.
Y la vida,
Que es un cantábile que nunca termina,
Enuncia los cuatro secretos de las edades
Los cántaros musicales de recias florestas.
La vida me habla
Corea
Propaga su Lux.
La vida me trae tus tonos,
Tus ritmos cardiacos
La polifonía expresiva
De tus cabellos monódicos.
Y la vida
Que es tu canto,
Refleja esas cosas
Que son del misterio:
Una señal
Una marca en el aire
Un golpe de estrellas en mitad de la noche.

XXVI.

Viața îmi vorbește
Îmi transmite semnale.
Viața fredonează zilnic
Iar acea frumoasă melodie populară
Care se revarsă odată cu ploaia
Viața,
Care este și moarte,
Se îmbracă în luminoase veșminte,
Merge prin lume în tunica ei albă
Iar un cor de albine îi urmează Imnul.
Atunci, cântul devine un semnal:
Viața îmi vorbește în clare cuvinte,
Cu semne luminoase
Puse pe peretele orelor
Pe treptele întunecate ale drumurilor.
Și viața,
Care este un cantabil care nu se termină niciodată,
Enunță cele patru taine ale vârstelor
Cântările muzicale ale pădurilor viguroase.
Viața îmi vorbește
Cântă în cor
Își propagă Luxul.
Viața îmi aduce tonurile tale,
Ritmurile tale cardiace
Polifonía expresivă
A părului tău monodic.
Iar viața
Care e cântul tău,
Reflectă acele lucruri
Care sunt misterioase:
Un semn
O urmă în aer
O lovitură de stele în mijlocul nopții.

La vida me habla con cartas secretas;
Muestra sus naipes bisiestos
Su sota de espadas
La **reyerta** de grillos en el ventanal de mis sueños.
La vida está llena de escrituras
Un alfabeto inaudible desde los ojos de la razón.
Allí está
Puesto en la noche
Colgado en los astros
Atravesado por un rayo invisible.
Sólo hay que afinar el oído
Aquietar el corazón
Morir en un instante.
Entonces la vida,
Con lenguaje esplendente,
Te dice las cosas
Te habla a los ojos
Te llena de miel los cuchillos.
La vida me habla
Transmite sus añejas bujías.
La vida,
Que también es la muerte,
Agoniza de tanto cencerro
De tantas orquestas
Mientras la Lux de su canto
Retoña con el campaneo de renovados carillones
Con el repique inclemente de los rayos del sol.

Viața îmi vorbește cu misive de taină,
Își arată așii bisecți
Valetul ei de spadă
Cearta greierilor la fereastra viselor mele.
Viața este plină de manuscripte
Un alfabet de neauzit din ochii rațiunii.
Acolo se află
Pus în noapte
Agățat de aștri
Străbătut de o rază nevăzută
Trebuie doar să-ți ascuți auzul
Să-ți domolești inima
Să mori într-o clipă.
Atunci viața,
Într-o grăire splendidă,
Îți va rosti lucrurile
Îți va vorbi pe față
Îți va umple de miere cuțitele.
Viața îmi vorbește
Își transmite vechile lumânări.
Viața,
Care este și moarte,
E în agonia atâtor clopote
A atâtor orchestre
În timp ce Luxul cântului ei
Înmugurește odată cu clopoțeii noului carilon
Odată cu sunetul neîndurător al razelor de soare.

XXVII.

El universo fluye,
El universo habla por mí.
Las líneas invisibles del Universo
Merodean la sombra fantasmal
De mi ser interior.
El universo es mi ser interior,
La cosmología de mis arterias,
La carretera inasible de mis vasos sanguíneos.
Los asteroides flotan en mí
Circulan por una elíptica de huesos y carne.
Y existe en mí un Big Bang
Una gran implosión
Que define mis cosmogonías,
Mis cartografías supraespaciales,
Mis agujeros negros poblados de Lux.
El universo soy yo
El universo...
Estoy en movimiento constante;
Mis soles buscan la Lux de un insecto alado
Un insecto desde el cual se originan los cosmos
Los diversos planetas que subyacen en mí.
El universo es un insecto,
Un moscardón cuyos zumbidos ensanchan la piel
El cúmulo de polvo
La materia y la antimateria que gravita en el éter.
Y son esos zumbidos
Los generadores de una sustancia obscura
De unos quarks que nunca terminan de moverse.
El universo fluye
Se expande y se contrae por las paredes de mi cuerpo,
Está en estrecha correspondencia
Con un tiempo y un espacio extraterrestres,
Una densidad infinita que termina y comienza

XXVII.

Universul curge,
Universul vorbește prin mine.
Liniile invizibile ale Universului
Îi dau târcoale umbrei mele fantasmice
Din lăuntrul ființei mele.
Universul este ființa-mi lăuntrică,
Cosmosul arterelor mele,
Drumul de neînțeles al vaselor mele de sânge.
Asteroizii plutesc în mine
Circulă printr-o eclipsă de oase și carne.
Există în mine un Big Bang
O mare implozie
Care definește cosmosurile mele,
Hărțile mele supraspațiale,
Găurile mele negre populate de Lux.
Universul sunt eu
Universul...
Sunt într-o mișcare constantă;
Sorii mei caută Luxul unei insecte înaripate
O insectă din care s-au născut cosmosurile
Diversele planete care subzistă în mine.
Universul e o insectă,
O viespe a cărei zumzet lărgește pielea
Cumulul de pulbere
Materia și antimateria care gravitează în eter.
Iar acele zumzete sunt
Generatorii unei substanțe obscure
A unor quarc-uri care se mișcă neîncetat.
Universul curge
Se mărește și se micșorează prin pereții trupului meu,
E într-o strânsă corespondență
Între un timp și un spațiu extraterestru,
O densitate infinită care se termină și începe

Donde no existen las penumbras,
La cúspide;
Cúmulo de vitrales y de galaxias.
El universo está en mí
Flota en mí
Se expande por la Lux de tus labios.
Allí
En esa supernova que es tu boca
EL UNIVERSO,
Que soy yo,
SE AQUIETA
Colapsa.
Entonces el universo
En cuya medida infalible
No entran las horas
Está en permanente contracción
Se repliega
Regresa sobre sus aros.
Y el tiempo
Una arista invisible de lo que no es el TIEMPO
Corre hacia atrás
Retorna sobre sus túneles
Va sobre sus nuevos relojes.
El universo es mi ser interior,
La energía oscura de la cual me alimento
El bosque de fuego en una teofanía de esferas.

Acolo unde nu există penumbre,
Culmea;
Cumul de vitralii şi de galaxii.
Universul e-n mine
Pluteşte prin mine
Se măreşte prin Lux-ul buzelor tale.
Acolo
Pe acea supernovă care e gura ta
UNIVERSUL,
Care sunt eu,
SE LINIŞTEŞTE
Paralizează.
Atunci universul
În a cărui desăvârşită măsură
Orele nu încap
E într-o permanentă micşorare
Se repliază
Se întoarce spre inelele sale.
Iar timpul
Un spin invizibil al celui care nu este TIMP
Aleargă în urmă
Se întoarce peste tunelele lui
Merge peste noi ceasuri.
Universul este fiinţa-mi lăuntrică,
Energia obscură cu care mă hrănesc
Pădurea de foc într-o teofanie de sfere.

XXVIII.

Tengo mucho amor en las manos,
Mucho Eros para tributarle a tu piel.
Este amor es mi ofrenda a los elementos del tiempo
Tu tiempo otro.
Sin nada,
Transparente,
Honesto con las palabras
Así quiero estar entre deslustradas orillas.
Tengo amor en las manos,
Un amor que se desborda entre cañaverales
Que pasea por ríos de caracoles,
Bosques de anémonas.
Ha llegado el momento,
En que para el amor,
No cuentan las palabras;
Son frágiles para expresar
Para nombrar lo innombrable.
Entonces callo,
Dejo que la iluminación fluya
Se manifieste.
En este estado,
Es mucho más vital el eco del «shakti» interior.
Uno se aparta de la gente,
Incluso de aquellos que no conoce
Se queda en silencio.
Entonces,
Todo muta
Desaparece.
Se es árbol
Pájaro
Peyote
Todo y nada
Vacío.

XXVIII.

Eu am multă iubire în mâini,
Mult Eros pentru a-ți proslăvi pielea.
Această iubire e ofranda-mi adusă elementelor timpului
Timpul tău altcumva.
Fără nimic,
Transparent,
Onest cu cuvintele
Așa vreau să fiu printre țărmurile decolorate.
Eu am iubire în mâini,
O iubire care radiază prin stufărișuri
O iubire care se plimbă printre râuri de melci,
Printre păduri de anemone.
A sosit clipa
În care, pentru iubire,
Nu mai contează cuvintele;
Ele sunt fragile pentru a fi rostite
Pentru a numi ceea ce nu poate fi numit.
Atunci tac,
Las să curgă lumina
Se manifestează.
În acest stadiu,
E mult mai vital ecoul «shakti»-ului lăuntric.
Cineva se îndepărtează de lume,
Inclusiv față de aceia pe care nu îi cunoaște
Rămâne în liniște.
Atunci,
Totul amuțește
Dispare.
Este acel arbore
Pasăre
Cactus
Tot și nimic
Vid.

El corazón late con el pulso de los planetas,
Es sólo PULSO
El pulso de un sol encendido.
Y se mira alrededor
Se es una flor inmersa en lo profundo del bosque.
Su aroma,
Florece en los ojos,
Estalla en el subconsciente.
Se Visualiza la flor.
Entonces la flor somos nosotros
El aroma,
Las espinas.
Más también somos el polen
La abeja que es el polen
El polen que es la muchacha
La muchacha que besa.
Tengo mucho amor en las manos
Mucho Eros jugando en tu vientre.
Tengo mucho amor
Es tuyo.

Inima bate cu pulsul planetelor,
E numai PULS
Pulsul unui soare aprins.
Şi priveşte în jur
Este o floare afundată în profunzimea pădurii.
Mireasma ei,
Ea înfloreşte în ochi,
Explodează în subconştient.
Se Vede floarea.
Atunci noi suntem floarea.
Mireasma,
Spinii.
Mai mult, suntem chiar şi polenul
Albina care este polen
Polenul care este fetiţa
Fetiţa care sărută.
Am multă iubire în mâini
Mult Eros care se joacă în pântecul tău.
Am multă iubire
E a ta.

XXIX.

Soy un husmeador de silencios
Un catador de sustancias mudas.
Me encanta la noche,
Su vergel de rumores,
Su árbol de pájaros en forma de cruz.
Me tiendo sobre la tierra
Y escucho los labios que rozan el césped,
La boca que humedece la boca.
Sólo hay rumor
Un rumor de viejos ferrocarriles
Por donde pasa la humareda del día.
Me gusta escuchar la música del silencio
En la inutilidad de mi oído.
Me sumerjo en un océano en donde las cosas no hablan
-solo respiran-
Flotan,
Y en esa polifonía insonora
Toman presencia,
Se hacen visibles
Encarnan UNA RESONANCIA
Que atesta duro en la frente.
Laten los labios,
Las manos,
El corazón,
Ante el clamor de una voz inaudible,
Espesa.
Una voz que rueda y encarna los silencios de Venus
El Fuego de Apolo
La Alquimia de Dioniso.
Es bueno escuchar el tañir de las estrellas,
La guitarra celeste suspendida más allá de la noche.
Soy un husmeador de presencias
Un captador de ánimas volantes,

XXIX.

Eu sunt un adulmecător de linişti
Un degustător de mute substanţe.
Mă încântă noaptea,
Livada ei de zvonuri,
Arborele ei de păsări în formă de cruce.
Mă întinde la pământ
Şi ascult buzele care ating iarba,
Gura care umezeşte gura.
Există doar zvonuri
Un zvon de vechi şine de tren
Pe unde trece fumul zilei.
Îmi place să ascult muzica liniştii.
În inutilitatea auzului meu.
Mă afund într-un ocean în care lucrurile nu vorbesc -
Doar respiră -
Plutesc,
Şi în acea insonoră polifonie
Se fac prezente,
Se fac vizibile
Încarnează O REZONANŢĂ
Care se izbeşte drept de frunte.
Lovesc buzele,
Mâinile,
Inima,
În faţa geamătului unui glas care nu se aude,
Îngroşat.
Un glas care se învârte şi se încarnează în tăcerile lui Venus
Focul lui Apolo
Alchimia lui Dionisos.
Face bine să asculţi sunetul stelelor,
Chitara celestă atârnată mai departe de noapte.
Eu sunt un adulmecător de prezenţe
Un ins care capturează zburătoare jivine,

De obscuros abismos entre el ser interior
Y el ojo que observa.
Me gusta el silencio,
La quietud musical,
Rimbombante
De la mudez
Del mutismo galáctico,
Del murmullo de una ciudad sin espermas
Sin soles
Obscura.
El diagrama del bosque
Arroja el murmullo de todas las savias
Los néctares
Los frutos PERTRECHOS de un árbol primario.
El silencio
Es la voz de ese diagrama
El silencio en el cual me encuentro
Cuando me sumerjo en la profundidad de la muerte.

Obscure abisuri ale ființei lăuntrice
Și al ochiului care observă.
Îmi place liniștea,
Nemișcarea muzicală,
Ostentativul
Mut
Galacticul mut,
Al șoaptei unui oraș fără sperme
Fără sori
Întunecat.
Diagrama pădurii
Târăște șoapta tuturor înțeleptelor
Nectarelor
Fructelor MUNIȚIEI unui pom dintru-nceputuri.
Liniștea
E glasul acelei diagrame
Liniștea în care mă regăsesc
Atunci când mă adâncesc în profunzimea morții.

XXX.

Celebremos el amor
Mientras los otros
Van a festejar la muerte.
Saquemos de adentro el luto de los pájaros
Aquellos nidos olvidados por los templos de Lux.
Miremos hacia arriba
Conjuguemos el amor en el portal de lo que viene
En aquella Cidra circular que reposa a nuestros pies.
Es alto el sendero
Visible la bruma
Pero que el amor arpegie todas las músicas
Que sea tonada silenciosa para los actos del vacío
- De todo lo que está por escribirse -.
Celebremos el amor
Ya habrá tiempo para la risa
Para el dolor
Para la entrega.
Pero ahora celebremos su música
Su vibración infinita
Su Lux y su sombra.
Que el amor flote por encima de la expiración
Que nos liberte de pesados eslabones
De los fatuos fuegos
De aquellos incendios llenos de artificio e imitación.
Que el amor nos salve de las edades
Que nos prive de la vejez;
Que Sea un amor perenne
Translúcido.
Que tenga fuego en sus manos
Pálpitos en sus tobillos
Corazón en su corazón.
Y que tenga un camino de Diamantes
Un sendero poblado de Tablas Esmeraldas.

XXX.

Să celebrăm iubirea
Pe când ceilalți
Vor merge să sărbătorească moartea.
Să scoatem din lăuntru lutul păsărilor
Acele cuiburi uitate prin templele pentru Lux.
Să privim în sus
Să conjugăm iubirea în ușa celor ce vor veni
În Cidra, orașul circular care odihnește la picioarele noastre.
Strada-i înaltă
Ceața-i vizibilă
Pentru ca iubirea să dirijeze toate muzicile
Să fie acordată silențios pentru actele vidului -
Pentru tot ce va să fie scris -.
Să celebrăm iubirea
Va fi timp pentru a râde
Pentru durere
Pentru dăruire.
Dar acum să-i celebrăm muzica
Infinita-i vibrație.
Luxul ei și umbra ei.
Fie ca iubirea să plutească peste culmea stingerii
Să ne elibereze din verigile grele
De focurile prostești
De acele incendii pline de artificii și de imitații.
Fie ca iubirea să ne salveze de vârste
Să ne lipsească de bătrânețe;
Să fie o iubire perenă
Străvezie.
Să aibă foc în mâini
Pulsații în glezne
Să aibă o inimă în inimă.
Si să aibă un drum de Diamante
O cale plină de Falduri de Smaralde.

Que el amor reinvente piedras para el río
Caracoles para el árbol de la noche.
Celebremos el amor
Cantemos alrededor de sus cenizas
De su Magia Roja.
Celebremos
Ya habrá lugar para la muerte
Sitial para las viejas despedidas.

Fie ca iubirea să reinventeze pietre pentru râu
Melci pentru arborele nopții.
Să celebrăm iubirea
Să cântăm în jurul cenușei
Al Magiei ei Roșii.
Să sărbătorim
Va fi loc pentru moarte
Scaun de cinste pentru vechi despărțiri.

XXXI.

La Lux tiene el rostro de una mujer.
Los ojos,
El fuego,
De una mujer.
Su cabello:
La prolongación de eufonías infinitas,
Evocación profunda en los laberintos de la guerra.
La Lux
Tiene las manos de una mujer
Manos que conocen los terraplenes del Uno;
Autopistas nocturnas
Que ruedan entre lo ilusorio
Y profundo
La superficie
Y LAS ÚLTIMAS CIFRAS.
La salvación a los abismos del ser
Está determinada por el resplandor de un fuego interior.
Esa Lux me conduce por la muerte
Por la ilusión de francas tinieblas.
Vengo de una noche menos obscura
Donde la Lux tiene el rostro de una mujer
Y por donde cabalgo por un santuario poblado de soles
De nuevas estrellas.
Allí todo toma matices distintos
Sucumbe ante las alturas del viento.
Me entrego
Abro mi corazón.
Mis ojos henchidos de Lux
Te miran de frente.
La Lux tiene el rostro de una mujer
- Me digo -
Los ojos de una mujer
El fuego.

XXXI.

Luxul are chipul unei femei.
Ochii,
Focul
Unei femei.
Părul ei:
Prelungirea de eufonii nesfârşite,
Evocare profundă în labirinturile războiului.
Luxul
Are mâinile unei femei
Mâini care cunosc planurile pământene ale lui Unu;
Autostrăzi nocturne
Care aleargă între iluzie
Și adânc
Suprafața
ȘI ULTIMELE CIFRE.
Salvarea abisurilor eului
E hotărâtă de strălucirea unui foc lăuntric.
Acel Lux mă poartă prin moarte
Prin iluzia unor libere neguri.
Eu vin dintr-o noapte mai puțin neguroasă
Unde Luxul are chipul unei femei
Și pe unde călăresc printr-un sanctuar plin de sorii
Unor noi stele.
Acolo întregul capătă tot soiul de forme
Cedează în fața înălțimilor vântului.
Eu mă predau
Îmi deschid sufletul.
Ochii mei se umplu de Lux
Te privesc în față.
Luxul are chipul unei femei -
Îmi spun -
Ochii unei femei
Focul.

Todo es una danza
Un círculo flotante de ecos desnudos
Perplejos
Llenos de voces y pájaros.
La plenitud está cerca
Cohabita conmigo
Me sonríe.
La Lux tiene el rostro de una mujer
Su sonrisa de Monasterio.

Totul este un dans
Un cerc plutitor de goale ecouri
Perplexe
Pline de glasuri şi păsări.
Deplinul este aproape
Trăieşte cu mine
Îmi surâde.
Luxul are chipul unei femei
Zâmbetul ei de Mănăstire

Biobibliografía - Winston Morales Chavarro (Colombia)

Poeta, ensaysta, novelista, publicista, profesor universitario.

Winston Morales Chavarro nació el 20 de enero de 1969, en Neiva, Colombia.

Se graduó con el título de comunicador social y periodista en la Universidad Surcolombiana, Neiva, Colombia (2002). Obtuvo el título de magíster en estudios de la cultura, mención en literatura latinoamericana, en la Universidad Andina Simón Bolívar de Quito, Ecuador (2004). Desde 2007 trabaja como profesor en la Universidad de Cartagena de Indias y actualmente es profesor de tiempo completo en la Facultad de Ciencias Sociales y Educación.

Comenzó su trayectoria literaria publicando columnas de carácter literario en *Diario del Huila* a partir del año 1990. En los años 1996-2007 fue columnista habitual de *Diario Neiva* y *Diario del Huila.* Los textos de ese periodo fueron recopilados en el libro *La Bella despierta y otros textos*, Gente Nueva, Bogotá D. C., 2015.

Publicó también un libro de ensayos sobre la obra de cuatro poetas andinos, *Poéticas del ocultismo en las escrituras de José Antonio Ramos Sucre, Carlos Obregón, César Dávila Andrade y Jaime Sáenz*, Trilce, Bogotá, 2008. Es autor de la novela *Dios puso una sonrisa sobre su rostro*, Fundación Tierra de Promisión, Neiva 2004.

Ha ganado los concursos de poesía Organización Casa de Poesía, 1996; José Eustasio Rivera, 1997 y 1999; Concursos Departamentales del Ministerio de Cultura, 1998; Primer puesto Concurso Nacional de Poesía Euclides Jaramillo Arango, Universidad del Quindío, 2000; Segundo premio Concurso Nacional de Poesía Ciudad de Chiquinquirá, 2000; Primer puesto Concurso Nacional de Poesía Universidad de Antioquia, 2001; Tercer Lugar en el Concurso Internacional Literario de Outono, Brasil. Primer Premio IX Bienal Nacional de Novela José Eustasio Rivera. Primer Puesto en el Premio Nacional de Poesía Universidad Tecnológica de Bolívar, Cartagena, 2005. Finalista del premio de relato joven "El fungible" 2005, ayuntamiento de Alcobendas, España. Ganador de una residencia artística del Grupo de los tres del Ministerio de Cultura, Colombia, y el Foncas, de México, con su proyecto: "Paralelos de lo invisible: Chichén Itza-San Agustín". Ganador del Concurso de Poesía del Instituto de Patrimonio y Cultura de Cartagena (IPCC), 2013. Ganador del Concurso de Cuento Humberto Tafur Charry, 2013. Ganador del Premio Internacional de Literatura "David Mejía Velilla", Universidad de La Sabana, 2014, Bogotá, Colombia. Finalista en varios concursos de poesía y cuento en Colombia, España, Argentina y México.

Poemas suyos han aparecido en revistas y periódicos de Colombia, España, Venezuela, Italia, Estados Unidos, Argentina, Puerto Rico, Polonia y México, y han sido traducidos al polaco (*Słodka Aniquirona*, traducción de Barbara Stawicka-Pirecka, 2017), francés (*La douce Aniquirone et D`autres poemes somme poètique*, traducción de Marcel Kemadjou Njanke, 2014) italiano, entre otros.portugués e inglés.

A lo largo de su carrera, ha participado en importantes encuentros y festivales internacionales de poesía: *Festival Internacional de Poesía de Medellín* (2002 y 2015), *Festival Internacional de Poesía de Zamora, México* (2014), *Feria Internacional del Libro en Lawrence,* Massachusetts, Estados Unidos (2017),

Bibliografía lírica: *Aniquirona*, Trilce Editores, 1998; *La lluvia y el ángel* (Coautoría)-Trilce Editores, 1999; *De regreso a Schuaima*, Ediciones Dauro, Granada-España, 2001; *Memorias de Alexander de Brucco*, Editorial Universidad de Antioquia, 2002; *Summa poética*, Altazor Editores, 2005; *Antología, Colección Viernes de Poesía,*

Universidad Nacional, 2009; Camino a Rogitama, Trilce Editores, 2010; *La Ciudad de las piedras que cantan*, Caza de Libros, Ibagué 2011; *Temps era temps*, Altazor Editores, Bogotá, 2013; La douce Aniquirone et D`autres poemes somme poètique (Traducción al francés de Marcel Kemadjou Njanke), 2014, y *¿A dónde van los días transcurridos?,* Editorial Universidad de La Sabana, 2016.

Biobibliografie - Winston Morales Chavarro (Columbia)

Poet, eseist, prozator, publicist, profesor universitar.

Winston Morales Chavarro s-a născut pe data de 20 ianuarie 1969, în orașul Neiva.

A absolvit *Facultatea de Științe Sociale* (cu titlul de comunicator social și ziarist), Universitatea Surcolumbiana din Neiva (2002). Și-a susținut masteratul (în studii de cultură și literatură latinoamericană) la Universitatea Andină Simón Bolívar din Quito, Ecuador (2004). Din anul 2007 este profesor la *Facultatea de Științe Sociale și Educație,* Universitatea din Cartagena de Indias.

Și-a început cariera literară în *Ziarul din Huila* (1990). În perioada 1996-2007, a susțiut cronici permanente în *Ziarul Neiva* (Diario Neiva) și *Ziarul din Huila* (Diario del Huila). Textele din această perioadă au constituit volumul **Frumoasa trează și alte texte** *(La Bella despierta y otras textos),* Editura Gente Nueva, Bogotá D. C., 2015.

A publicat un volum de eseuri dedicate a patru poeți andini, **Poetici ale ocultismului în scrierile lui José Antonio Ramos Sucre, Carlos Obregón, César Dávila Andrade și Jaime Sáenz** *(Poéticas del ocultismo en las escrituras de José Antonio Ramos Sucre, Carlos Obregón, César Dávila Andrade y Jaime Sáenz*), Editura Trilce, Bogotá, 2008.

El este, de asemeni, autorul unui roman: **Domnul a pus un surâs pe chipul tău** (*Dios puso una sonrisa sobre su rostro)*, Fundația Tierra de Promisión, Neiva, 2004.

Lirica lui a fost distinsă cu importante premii, precum: *Premiul de Poezie,* Casa de Poesía, 1996; *Premiul José Eustasio Rivera* (1997; 1999); *Premiul de Poezie*, Concursurile Departamentale ale Ministerului Culturii din Columbia (1998); *Premiul I,* Concursul Național de Poezie Euclides Jaramillo Arango, Universitatea din Quindío (2000); *Premiul II,* Concursul Național de Poezie, Ciudad de Chiquinquirá, (2000); *Premiul I,* Concursul Nacțional de

Poezie al Universității din Antioquia (2001); *Premiul I,* Bienala Națională pentru Roman, José Eustasio Rivera, ediția IX (2002); *Premiul I,* Premiul Național de Poezie al Universității Tehnologice Bolívar, Cartagena (2005). *Bursa de rezidență artistică,* Grupul celor Trei, Ministerul Culturii din Columbia și El Foncas, Mexic, pentru proiectul *Paralele ale nevăzutului: Chichén Itza - San Agustín* (2010); *Premiul de Poezie,* Concursul Patrimoniului și Culturii din Cartagena (IPCC) (2013); *Premiul pentru Povestire,* Concursul Humberto Tafur Charry (2013). *Premiul Internațional de Literatură David Mejía Velilla,* Universitatea La Sabana, 2014, Bogotá, Colombia (2014) etc..

Selecții din lirica lui au apărut în diverse reviste literare din Spania, Venezuela, S.U.A., Argentina, Porto Rico, Mezic, Italia, Portugalia, Anglia etc. precum și în volume aparte: **Dulce Aniquirona** (*Słodka Aniquirona*), (traducere în poloneză de Barbara Stawicka-Pirecka), Polonia (2017); franceză, **Dulcea Anaquirona și Celelalte poeme sunt poetică** (*La douce Aniquirone et D`autres poemes somme poètique*, (traducere în franceză de Marcel Kemadjou Njanke), Franța (2014).

De-a lungul carierei a participat la zeci de recitaluri și festivaluri poetice internaționale, printre care amintim: *Festivalul Internațional de Poezie de la Medellin*, Columbia (2002; 2015); *Fesivalul Internațional de Poezie de la Zamora, Mexic* (2014), *Târgul Internațional de Carte de la Lawrence,* Massachusetts, S.U.A. (2017).

Bibliografie lírică: **Aniquirona** (*Aniquirona),* Editura Trilce, Bogotá, 1998; **Ploaia și îngerul** (*La lluvia y el ángel),* (coautor), Editura Trilce, Bogotá, 1999; **Înapoi la Schuaima** (*De regreso a Schuaima)*, Editura Dauro, Granada, Spania, 2001; **Amintirile lui Alexander de Brucco** (*Memorias de Alexander de Brucco)*, Editura Universității din Antioquia, 2002; **Suma poetică** (*Summa poética)*, Editura Altazor,

Bogotá, 2005; **Selecția Vinerilor Poeziei** (*Antología, Colección Viernes de Poesía),* Universitatea Națională, Bogotá, *2009;* **Drumul spre Regitama** (*Camino a Rogitama),* Editura Trilce, Bogotá, 2010; **Orașul pietrelor cântătoare** (*La Ciudad de las piedras que cantan)*, Caza de Libros, Ibagué, 2011; **Timpul a fost timp** (*Temps era temps)*, Editura Altazor, Bogotá, 2013; **Dulcea Anaquirona și Celelalte poeme sunt poetică** *(La douce Aniquirone et D`autres poemes somme poètique),* (traducere în franceză de Marcel Kemadjou Njanke), Franța, 2014, **Dar unde se duc dusele zile?** (*¿A dónde van los días transcurridos?),* Editura Universității La Sabana, Bogotá, 2016.

.

INDICE/ CUPRINS

www.ingramcontent.com/pod-product-compliance
Lightning Source LLC
LaVergne TN
LVHW051657080426
835511LV00017B/2607

9786068449586